Dirección editorial M.ª Jesús Díaz

Texto original José Morán
Adaptación Estelle Talavera
Revisión Isabel López
Ilustraciones Carmen Guerra y Francisco Solé (páginas 24 y 25)
Diseño y edición Estelle Talavera
Diseño de colección José Delicado

© SUSAETA EDICIONES S.A.
C/ Campezo, 13 - 28022 Madrid
Tel.: 91 3009100
www.susaeta.com

D.L.: M-28565-MMXVII

LEoNARDo DA VINCI

Ilustraciones de Carmen Guerra

Leonardo da Vinci

Artista polifacético del Renacimiento italiano, destacó en diversas disciplinas. Genio universal, ingeniero, inventor y magnífico pintor.

Andrea Verrocchio

Fue un famoso pintor, escultor y orfebre que trabajó bajo el mecenazgo de los Médici y creó una escuela-taller de la que salieron grandísimos artistas.

ALGUNAS DE SUS CREACIONES

La Anunciación

Fue uno de los primeros encargos que recibió Leonardo. Tiene la originalidad de que la escena se desarrolla en el exterior.

La adoración de los Magos

Este conocido óleo sobre tabla jamás fue terminado. Mide unos 6 m² y se la ha considerado la primera obra moderna.

La última cena

Se trata de la obra más célebre del artista, pintada entre 1495 y 1498. Es un mural sobre yeso, numerosas veces restaurado.

La Monna Lisa

La Gioconda o *Monna Lisa* es una de las obras más famosas de Leonardo. Es una pintura al óleo que retocó muchas veces.

El hombre de Vitruvio

En uno de sus códices dibujó un estudio sobre las proporciones ideales del cuerpo humano a partir de textos de la Antigua Roma.

Ornitóptero

Esta máquina voladora que imita el complejo movimiento de las alas de un pájaro fue un invento diseñado por él siglos antes de su fabricación.

Índice

El renacentista visionario

Leonardo da Vinci fue, es y será uno de los hombres más enigmáticos, polifacéticos y autodidactas de la historia. Pintor, ilustrador, escultor, ingeniero, arquitecto, inventor, científico, médico, anatomista, filósofo, poeta, músico, dramaturgo, cocinero...

Su motor era la insaciable curiosidad por todo. ¿Cómo logra volar un pájaro? ¿Cómo funciona el cuerpo en su interior? Preguntas que le hicieron investigar y conocer a fondo, y por su cuenta, el mundo.

Inmortal

Aunque murió hace casi seiscientos años, está más vivo que nunca. Su grandeza y trascendencia han logrado resistir el paso del tiempo. Leonardo fue un hombre universal que se adelantó a su época, un humanista, un «hombre orquesta».

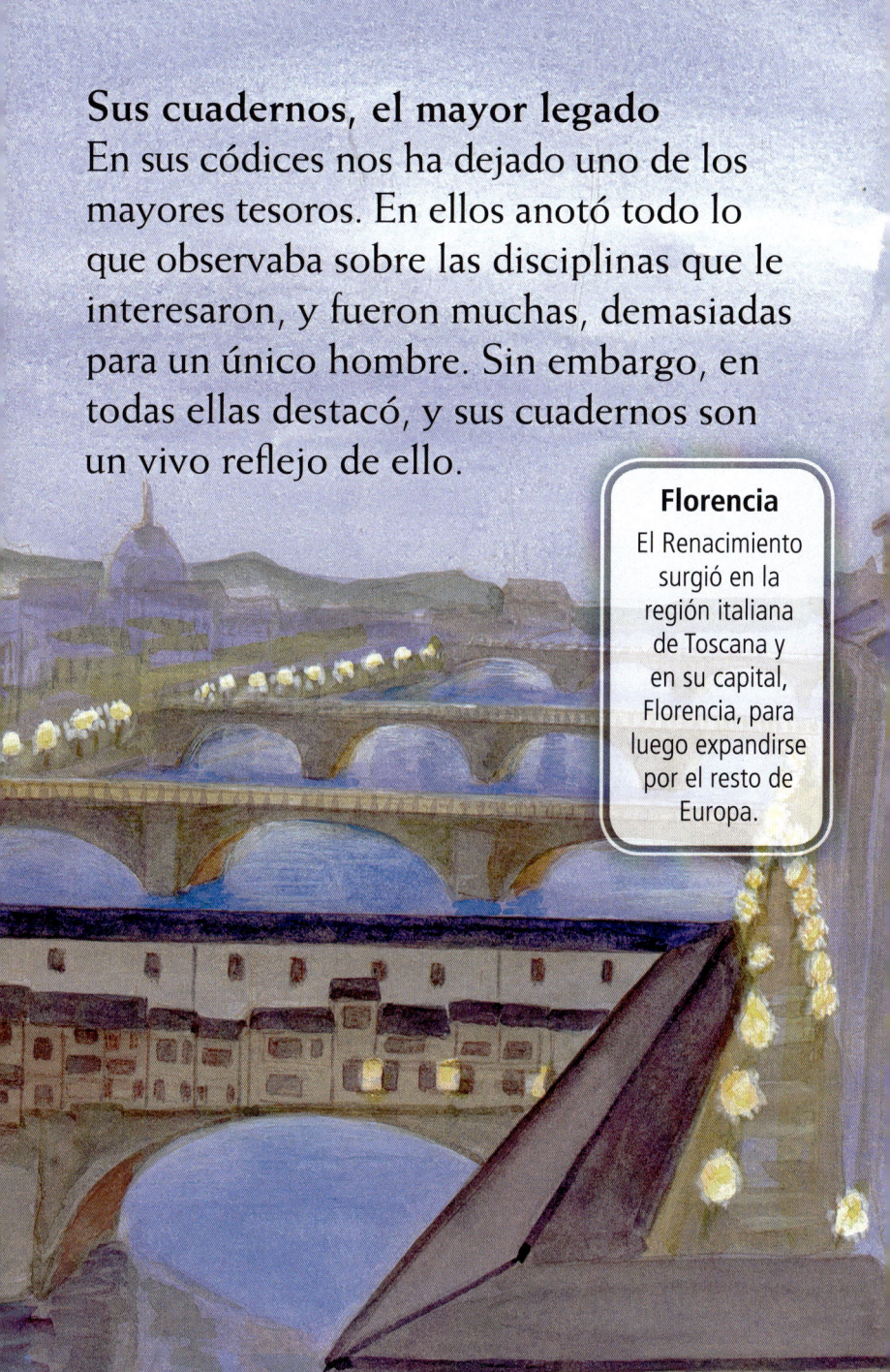

Sus cuadernos, el mayor legado

En sus códices nos ha dejado uno de los mayores tesoros. En ellos anotó todo lo que observaba sobre las disciplinas que le interesaron, y fueron muchas, demasiadas para un único hombre. Sin embargo, en todas ellas destacó, y sus cuadernos son un vivo reflejo de ello.

Florencia

El Renacimiento surgió en la región italiana de Toscana y en su capital, Florencia, para luego expandirse por el resto de Europa.

Infancia

Su nombre completo era Leonardo di ser Piero da Vinci. Nació el 15 de abril de 1452 en la región italiana de la Toscana, en un pueblo llamado Vinci.

Fue hijo ilegítimo de una rica familia. Su padre, Piero Fruosino di Antonio, notario y embajador de Florencia, dejó embarazada a una joven campesina, Caterina di Meo Lippi, de familia muy humilde. Pero como Piero ya estaba prometido en matrimonio con otra mujer, entregaron al pequeño al cuidado del abuelo paterno, Antonio da Vinci.

Aun así, el pequeño tuvo contacto con su padre y sus hermanastros, y fue tratado prácticamente como si fuera un hijo legítimo.

Primer recuerdo

Leonardo recordaba que, siendo un bebé, un milano se posó en el borde de su cuna y, con las plumas de la cola, le abrió la boca, golpeando sus labios suavemente repetidas veces.

Tenía verdadero amor por la naturaleza. La observaba, tomaba apuntes, la dibujaba en todas sus formas y al detalle. Nunca quiso vestir ropa hecha con piel de animal y se hizo vegetariano. En uno de sus cuadernos escribió: «Verdaderamente, el hombre es el rey de los animales, pues su brutalidad supera la de estos».

15

Fascinación

Su capacidad de observar fue una de sus grandes cualidades. En sus cuadernos dibujaba al detalle hojas, flores, bichos...

Una infancia poco común

Como era hijo ilegítimo, no tuvo que heredar la profesión de su padre, que era notario, sino que pudo dedicarse al arte, y además desde bien temprano, pues muy rápidamente, y desde muy pequeño, dio muestras de muchísimo talento.

Pasó su infancia entre olivos y viñedos,
y prácticamente no asistió a la escuela,
así que empezó pronto a ser autodidacta.

Juventud

Con 14 años se marchó a vivir con su padre a Florencia, una ciudad inmersa en pleno esplendor artístico en aquella época: el Renacimiento.

Allí el joven le mostró a su padre unos paisajes que había dibujado. Al verlos, este supo enseguida que tenía un gran talento, así que decidió enseñárselos a su amigo Andrea Verrocchio, un renombrado artista de la época, quien quedó fascinado.

Verrocchio y sus alumnos

Este gran pintor, escultor y orfebre trabajó para la corte de los Médici. Por su taller pasaron artistas de la talla de Botticelli, Ghirlandaio, Perugino y, por supuesto, Leonardo da Vinci.

Etapa de aprendiz

Verrocchio acogió a Leonardo como aprendiz en su prestigioso taller.

Aquel lugar era como una universidad de arte, pero financiada por una poderosa familia de Florencia: los Médici.

Esta familia hacía de mecenas, es decir, pagaba muchas de las obras que allí se llevaban a cabo, realizando encargos la mayoría de las veces.

En su taller, Leonardo aprendió las bases para ser un buen artista: dibujar, pintar, dominar los colores y las proporciones, trabajar el bronce, idear estructuras, etc.

Verrocchio le pidió colaboración
para pintar un ángel en su
cuadro *El bautismo de Cristo*.
Curiosamente este ángel de
Leonardo se convertiría
en lo más destacable de la
obra, pues hasta esa época
las figuras religiosas no se
representaban de perfil.

Hay bastante diferencia entre el ángel de Leonardo (arrodillado a la izquierda del cuadro; un ángel dinámico, elegante, delicado) y el de Verrocchio (de pie; una figura mucho más estática y rígida).

Se cuenta que el maestro dejó de pintar al verse superado por su aprendiz.

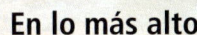

En lo más alto

En el taller de Verrocchio, Leonardo observó de cerca el proceso de los planos y maquetas para la colocación de la gran bola dorada sobre la cúpula de la catedral de Florencia, todo un logro de la ingeniería que cautivó al artista. Con 19 años pudo colaborar en la colocación de la cruz y el orbe en dicha cúpula.

El Renacimiento en Florencia

La hermosa ciudad de Florencia, una de las más prósperas, vivía un momento de creciente esplendor cultural, artístico e intelectual. La curiosidad por la cultura clásica daría paso a la Europa moderna, dejando atrás el medievo.

Es lo que se conoce como Renacimiento, un momento histórico de gran optimismo. Las calles de la ciudad se llenaron de talleres y de artesanos apoyados por el mecenazgo.

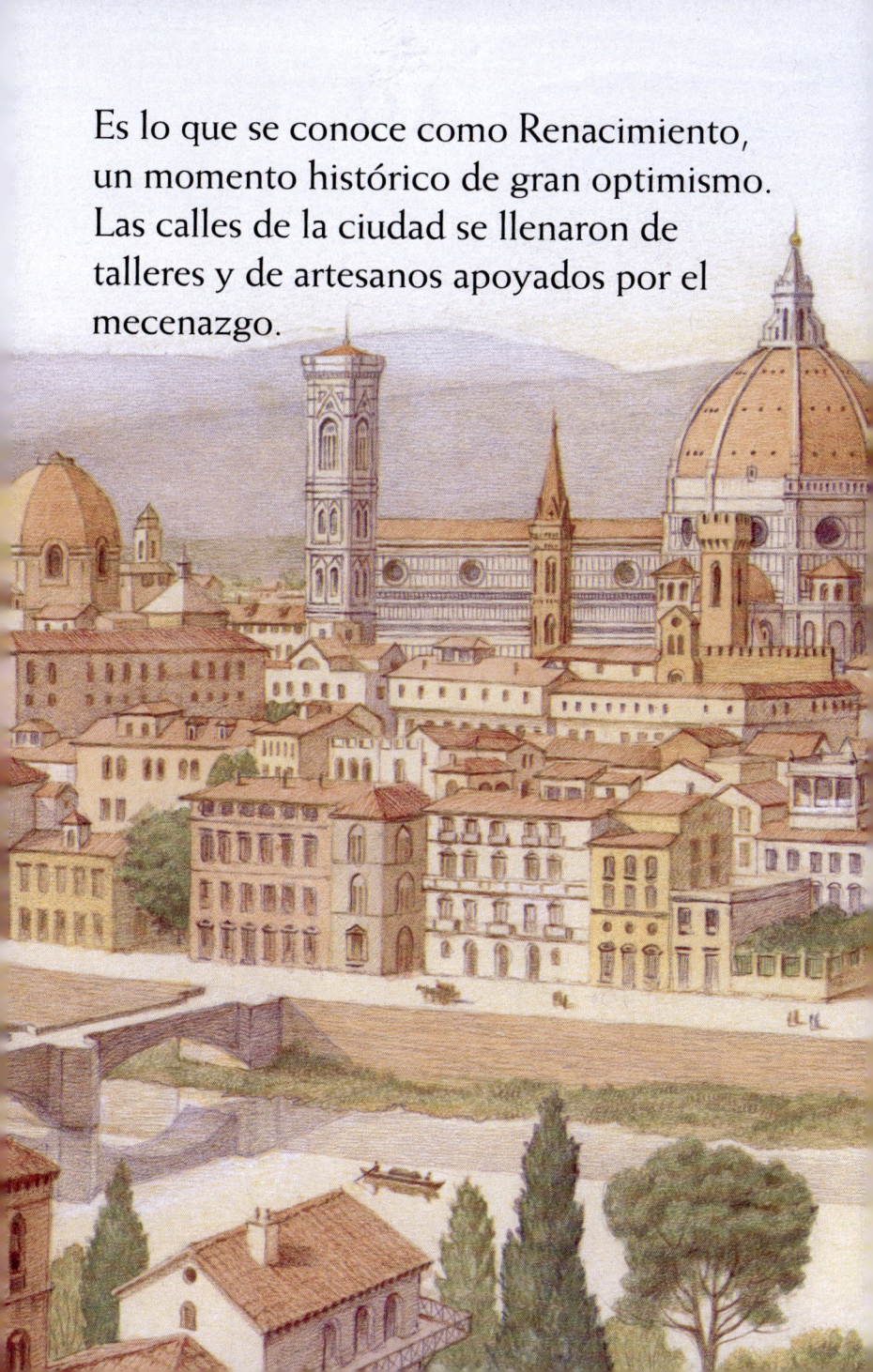

Primeras grandes obras

Tras ocho años en el taller de Verrocchio, el aprendiz se estableció por su cuenta. Los primeros trabajos no tardaron en llegar.

La Anunciación

Este retablo, considerado una obra
maestra, fue uno de sus primeros encargos.
Tenía apenas 23 años cuando lo terminó.

Aquí ya empleó la técnica del esfumado
(*sfumato* en italiano): se aumenta el volumen
con varias capas de pintura para crear
contornos imprecisos y sensación de lejanía.

La adoración de los Magos

Este retablo de 1481-1482, a pesar de no haber sido terminado por el artista, sorprende por su calidad y por su composición, que en lugar de ser estática y sin vida, tiene movimiento.

Con la luz y la sombra también supo crear profundidad, logrando que la Virgen y el niño, lo más iluminado, fueran los protagonistas absolutos del cuadro.

Milán y Ludovico Sforza

Leonardo se enteró de que el duque de Milán, Ludovico Sforza, deseaba construir una estatua ecuestre en honor a su padre. Al artista le encantaban los caballos y le convenía trabajar para alguien tan poderoso.

Cientos de bocetos

Sus cuadernos están repletos de bocetos de caballos, pues era un animal que le gustaba especialmente.

Sin dudarlo, Leonardo le escribió
una larga carta en la que le decía que él
podía hacer de todo. Le envió diseños
de máquinas de defensa y le confesó su
interés en realizar la estatua ecuestre.
Al duque le hizo gracia la carta. Le gustó
su audacia y le encargó el retrato de su
amante, que se convertiría en protagonista
de uno de sus retratos más bellos: *La dama
del armiño*.

Leonardo dejó Florencia en 1482 y se trasladó a Milán. Tenía 30 años. Empezaba una época de gran creatividad con el apoyo de Sforza, su mecenas.

Allí comenzó por pintar algunos retratos de la corte, entre otras cosas, pero poco a poco Sforza fue viendo el gran potencial de Leonardo en cuestiones de ingeniería militar.

Así nacieron la ballesta gigante con ruedas, el refuerzo de murallas, el primer mapa satélite de la época, que mostraba la ciudad desde el aire, etc.

Y finalmente le encargaron la versión en arcilla para el molde de *Il cavallo*. La estatua se iba a construir con 60 toneladas de bronce.

Sin embargo, cuando el molde estuvo listo para rellenar de bronce caliente, Carlos VIII de Francia atacó la ciudad y hubo que defenderla, así que el bronce que iba destinado a la estatua se usó para los cañones...

Triste final del molde

En 1499, las tropas francesas destruyeron el modelo del caballo realizado por Da Vinci. Lo usaron como blanco para sus entrenamientos de tiro.

Fue entonces, a raíz de una epidemia de peste que se llevó a una cuarta parte de la población, cuando Da Vinci empezó a diseñar planos urbanos ideales, lugares amplios e higiénicos, con ventilación, canales y dos niveles, uno peatonal y otro subterráneo.

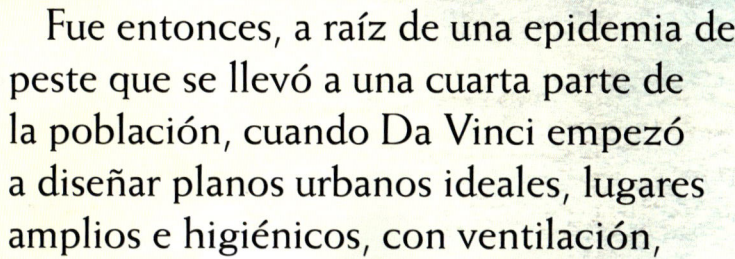

Ludovico no solo lo contrató como ingeniero, sino también como arquitecto, músico y artista. Participó en el proyecto de construcción de la catedral de Pavía y de la cúpula de la catedral de Milán.

Salai, su ayudante y su inspiración

En 1490 tomó como ayudante y aprendiz al joven Salai, de 10 años, quien le acompañaría durante 25 años. Él pudo ser el modelo de varios retratos, como el de San Juan Bautista o incluso el del famoso cuadro *La Virgen de las rocas*.

Además, le encargó la organización de las fiestas de palacio. Leonardo diseñó los decorados, ideó efectos especiales, compuso óperas..., y hasta se inventó numerosos y originales disfraces, como el «elefante músico», que hacía reír a todos.

Proyectos técnicos y militares

Su capacidad para analizar el presente e idear mejoras, tanto técnicas como militares, le hizo especialmente conocido en la época. Ludovico supo verlo rápidamente.

La última cena

Lo que empezó como un modesto encargo terminaría siendo considerado una de las mejores obras pictóricas del mundo. Se trata de un mural al temple y óleo pintado sobre una pared de yeso en el convento dominico de Santa Maria delle Grazie, en Milán, también esta vez para el duque Ludovico Sforza, entre 1494 y 1498.

Bocetos dibujados antes de pintar el mural

¿San Juan?

Muchos afirman que el san Juan que aparece en *La última cena* no era tal, sino María Magdalena, aunque a San Juan se le representaba a menudo como un joven imberbe.

Leonardo tardó más de tres años en terminarlo. Se subía al andamio a pintar y a veces permanecía allí hasta el anochecer, tan concentrado en el trabajo que llegaba a olvidarse de beber o comer. Fue realizado con una mezcla de óleo y temple que le permitía poder retocarlo a menudo, pero que se fijaba mal a la superficie. Su conservación ha sido pésima, por lo que la pintura ha tenido que ser restaurada en repetidas ocasiones.

Modelos reales

Leonardo se inspiró en personas reales como modelos para pintar a los apóstoles de *La última cena*. Incluso es posible que se retratara a sí mismo: el segundo personaje desde la derecha se le parece bastante.

Fama indiscutible

El mural del convento fue la confirmación de su arte por lo que pasó a ser considerado uno de los primeros maestros de Italia. Su fama se difundió y saltó fronteras.

En 1499, las tropas francesas de Luis XII entraron en Milán y destituyeron a Sforza. El rey galo estuvo tentado de llevarse a Francia el mural.

Internacional

Los artistas acudían desde muy lejos a Milán a ver su obra. Además, Leonardo tenía don de gentes y caía muy bien. Era alegre y tenía un gran humor.

Bromista

Leonardo adoraba las bromas y las adivinanzas. Él mismo se inventaba los chistes. En una ocasión, en la corte de Milán, dibujó un león en medio de un fuego junto a una mesa. ¿Qué quería decir? La solución: «leonardesco» (en italiano, *leone* + *ardere* + *desco*, que significa 'mesa').

Tiempos más difíciles

Tras la huida del duque
de Milán a la entrada de
las tropas francesas, Da Vinci se
marchó por un tiempo a Mantua
y Venecia, donde trabajó como
arquitecto e ingeniero militar,
elaborando sistemas para defender
la ciudad de un posible ataque
naval.

Finalmente, en 1503, regresó
a su antigua ciudad, Florencia,
donde le encargaron un
enorme fresco, *La batalla
de Anghiari*, aunque le
vendieron un aceite
adulterado que
estropeó su trabajo.

Miguel Ángel, el nuevo favorito

Al volver a su ciudad, un escultor estaba en boca de todos. Se trataba de un joven llamado Miguel Ángel, que en cierta ocasión se burló de Leonardo por fracasar en la elaboración de su mural.

Leonardo y Miguel Ángel no se entendieron bien. El joven tenía un carácter fuerte y no era amigo de grandes públicos, al contrario que Leonardo, a quien le gustaba estar acompañado. De hecho era un gran conversador, de gran generosidad y sentido del humor. Al parecer, ambos discutieron por la colocación del famoso *David* de Miguel Ángel.

Desheredado
En 1504 falleció
su padre y
Leonardo
descubrió
que se le había
excluido del
testamento
por no ser
hijo legítimo.
Fue una gran
decepción para
el artista.

Sueños imposibles

Leonardo estaba obsesionado con volar. Estudió en profundidad el vuelo de las aves; tenía el convencimiento de que el ser humano, con un invento adecuado, también lo lograría. Sus cuadernos están llenos de detalles de las alas y de croquis de máquinas destinadas al vuelo.

En lo que más se fijó para sus bocetos fue en el murciélago. Muchos de sus inventos imitan la forma y movimiento de sus alas.

Hizo varios intentos de volar junto a su ayudante Zoroastro, pero fracasó. Nunca logró su gran sueño; sin embargo, muchos de los artilugios ideados por él se adelantaron a su tiempo y fueron el germen del futuro de la aviación.

Futurista

Su helicóptero y su paracaídas son muy similares a los que hoy existen. ¡Se adelantó nada menos que cuatro siglos!

La Gioconda, rumbo a Francia

La *Monna Lisa,* también conocida como *La Gioconda,* fue adquirida por el rey de Francia Francisco I a comienzos del siglo XVI. A día de hoy está expuesta en el famoso Museo del Louvre, en París, y es una de sus obras más preciadas.

Artista consagrado

Durante esos turbulentos años de su segunda estancia en Florencia, Da Vinci recibió el encargo de un retrato que sería recordado para siempre. De hecho, es el retrato más famoso de la historia.

Francesco del Giocondo le encargó que pintara a su esposa, Lisa Gherardini. Así nació *La Gioconda* (también llamada *Monna Lisa*), cuadro que tardó años en terminar. Su media sonrisa, suavizada por el esfumado, su mirada... han despertado cientos de teorías desde entonces.

El cuadro más buscado

El cuadro fue robado en 1911 por un artista italiano que había trabajado en el Louvre. Lo tuvo escondido en su casa durante dos años.

Otro de los grandes cuadros del artista es *La Virgen, el Niño Jesús y santa Ana*, pintado durante su retorno a la ciudad de Milán, pero terminado muchos años después.

Como cronológicamente coincide con la época en la que Leonardo pintó la *Monna Lisa*, hay una gran parecido entre la cara de esta y la de santa Ana.

Retoque

Esta magnífica pintura se conservó mal y ha tenido que ser restaurada varias veces.

Zoroastro

Tommaso di Giovanni Masini, conocido como Zoroastro, fue un fiel ayudante de Leonardo. Con él trabajó en la preparación de colores y en distintos experimentos.

Últimos años

En su regreso a Milán, conoció a Francesco Melzi, el que sería su secretario, pero sobre todo amigo inseparable hasta el día de su muerte.

Da Vinci tenía 50 años y su deseo de alcanzar la perfección artística le llevó a estudiar el cuerpo humano desde su interior, partiendo de los huesos y pasando por los tendones, los músculos y la carne. Solo así podría entender la anatomía en su totalidad. Encontrar cadáveres que diseccionar para practicar y estudiar su anatomía no era fácil, y con ello se ganó fama de loco. Sus cuadernos están repletos de dibujos de cada parte del cuerpo humano, con cientos de anotaciones sorprendentemente precisas.

Muerte bajo el amparo del rey

En 1515 conoció a Francisco I, el nuevo rey de Francia. Ambos se cayeron tan bien que años más tarde Leonardo decidió marcharse a Francia tras ser invitado por el mismísimo rey. Allí pasó sus últimos años. Poco pudo dibujar, pues sufrió una apoplejía que le paralizó el brazo derecho y le dejó la mano izquierda temblorosa. Melzi y Salai, sus ayudantes, siguieron a su lado hasta el final.

Pocos días después de cumplir 67 años, Leonardo pidió un notario para redactar un testamento, en el que repartía su herencia entre sus fieles Melzi y Salai, sus sirvientes, y sus hermanastros.

En brazos del rey de Francia

Leonardo murió el 2 de mayo de 1519. La tradición cuenta que murió en brazos del rey Francisco I.

Sus cuadernos e inventos

Una de las grandes joyas de este genio fueron sus cuadernos, los códices: veinte volúmenes donde mezcló materias distintas, a veces incluso en la misma página. Apuntes de sus observaciones, dibujos, esquemas, ideas de inventos, fragmentos de conversaciones... Una desordenada y absolutamente única y original enciclopedia.

Descubrimiento

Diseccionó el cadáver de un hombre de 100 años y fue el primero en la historia en descubrir cómo se origina la aterosclerosis.

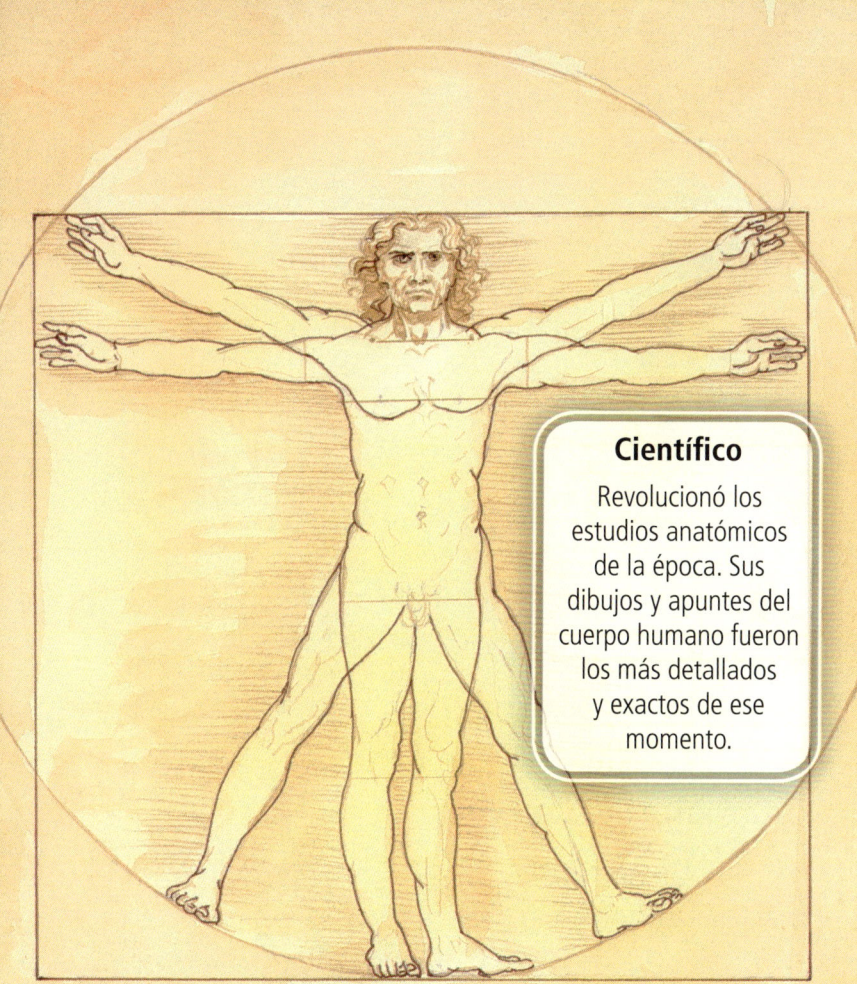

Científico

Revolucionó los estudios anatómicos de la época. Sus dibujos y apuntes del cuerpo humano fueron los más detallados y exactos de ese momento.

El hombre de Vitruvio

En uno de sus cuadernos realizó un profundo estudio anatómico de las proporciones ideales del cuerpo humano. Se conoce como *El hombre de Vitruvio* y lo dibujó en torno a 1490.

Escribía al revés

Algo muy llamativo de sus cuadernos es que están escritos al revés, de forma que se leerían perfectamente si se reflejaran en un espejo. Se cree que se debe a que, al ser ambidiestro, le resultaba más fácil así.

Profundo interés por materias muy distintas

En sus más de 7.000 hojas de texto manuscrito y dibujos, Leonardo reflejó su curiosidad por materias tan distintas como anatomía, astronomía, astrología, botánica, perspectiva, geología, filosofía, medicina, pintura, escultura, música, ingeniería, arquitectura... Su insaciable curiosidad por todo le hizo ser un constante observador. Probablemente por esta razón fueron pocos los trabajos de pintura que terminó: perdía el interés, atrapado por una nueva materia que explorar.

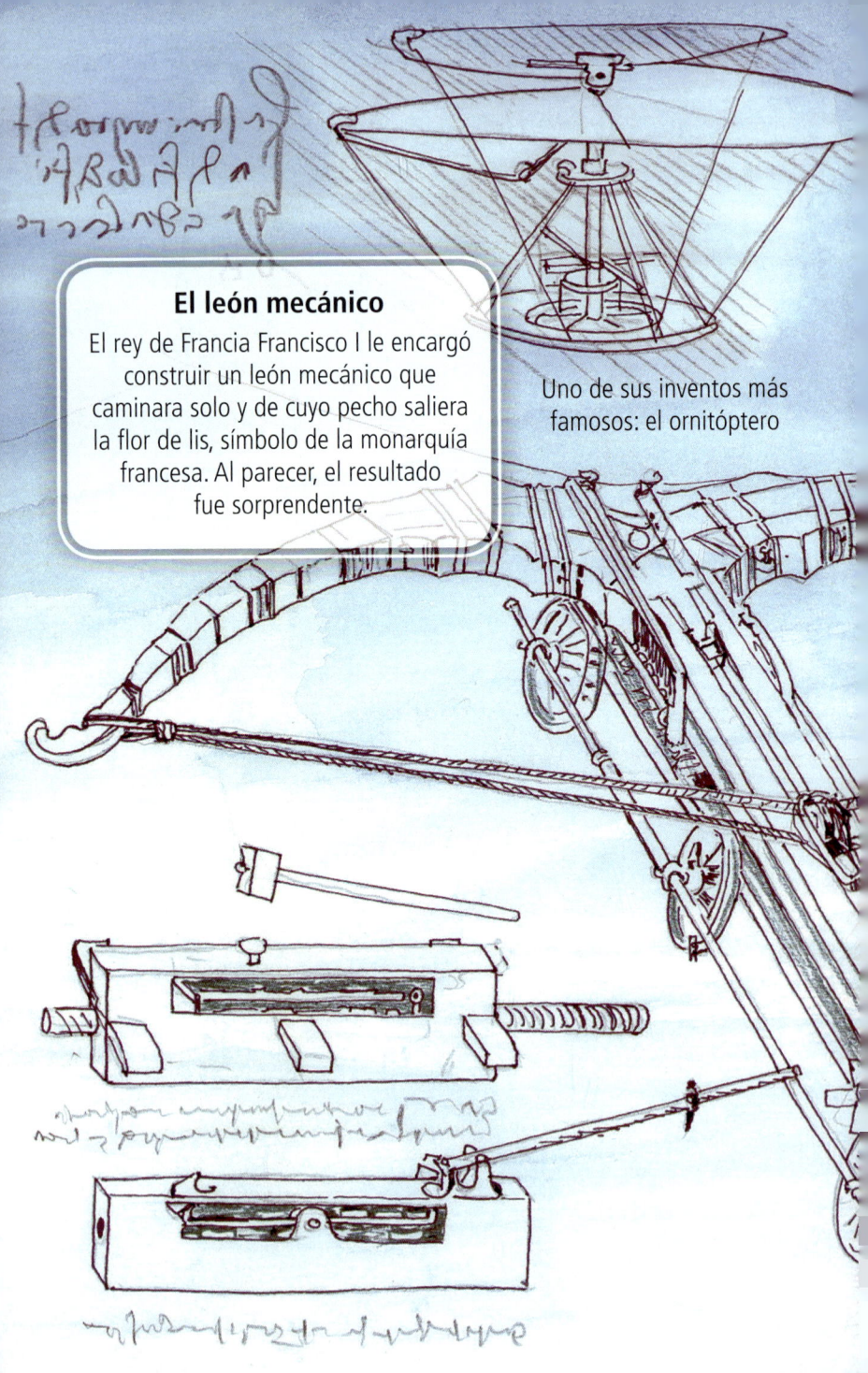

El león mecánico

El rey de Francia Francisco I le encargó construir un león mecánico que caminara solo y de cuyo pecho saliera la flor de lis, símbolo de la monarquía francesa. Al parecer, el resultado fue sorprendente.

Uno de sus inventos más famosos: el ornitóptero

Sus asombrosos inventos

Leonardo fue, ante todo, un inventor. Algunas de sus creaciones se adelantaron cuatrocientos años a su tiempo, como su prototipo de helicóptero, el paracaídas, el equipo de buceo o el planeador.

También son obra de su imaginación la catapulta, la ametralladora, la espingarda, el cañón desmontable, los carros de combate, etc.

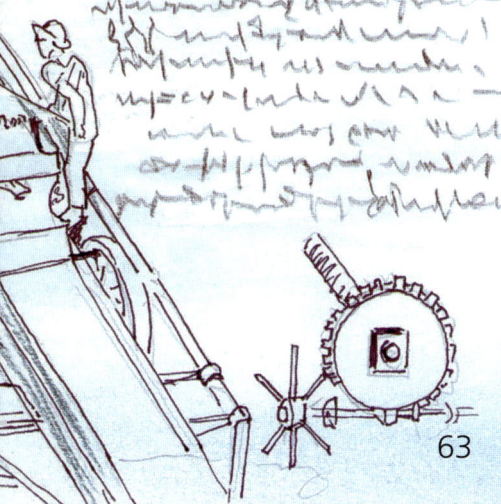

Ingeniería

También diseñó puentes, canales, presas, cañones, bombas de agua, telescopios... Los inventos de ingeniería militar tuvieron gran demanda, sobre todo por parte de Ludovico Sforza, pues sus fronteras eran constantemente atacadas.

Genio sin límites

Ideó proyectos futuristas, como ciudades subterráneas, casas prefabricadas, aviones, submarinos y hasta un pequeño robot que lograba mover la cabeza y las extremidades. Incluso intentó obtener energía solar con espejos...

Sobre él se ha escrito de todo, pues resultó ser un hombre misterioso, enigmático, complejo, fascinante... pero, sobre todo, absolutamente brillante en todas las artes, un insaciable amante del conocimiento, el perfecto observador.

Sobre su vida personal poco se sabe, pues en los cuadernos no hace mención alguna a ella. No se le conoció pareja, pues parecía no sentir atracción por el amor físico. Fue un hombre bromista, buen orador, sociable, inteligente, pulcro, amable, tranquilo y profundamente curioso con el mundo en general.

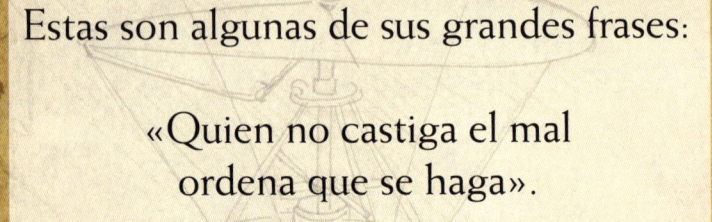

Estas son algunas de sus grandes frases:

«Quien no castiga el mal
ordena que se haga».

«Reprende al amigo en secreto
y alábalo en público».

«La belleza perece en la vida,
pero es inmortal en el arte».

«La pintura es poesía muda;
la poesía, pintura ciega».

«El que no valora la vida
no se la merece».

«Aquel que más posee
más miedo tiene de perderlo».

«Nada nos engaña tanto
como nuestro propio juicio».

«Desde una edad temprana he
rechazado el uso de la carne y llegará
el día en que hombres como yo verán
el asesinato de animales como ven
el asesinato de personas».

«Quien de verdad sabe de qué
habla no encuentra razones
para levantar la voz».

«Antes habrá cuerpo sin sombra
que virtud sin envidia».

Leonardo da Vinci

Leonardo di ser Piero da Vinci
(Vinci, Italia, 1452-Amboise, Francia, 1519)
fue uno de los artistas polifacéticos más
destacados de la historia, figura máxima del
Renacimiento italiano: pintor, escultor, escritor,
anatomista, botánico, médico, arquitecto,
ingeniero, inventor, filósofo, músico, poeta,
científico y visionario. Fue autor de las famosas
obras *La Gioconda*, *La Anunciación*, *La dama del
armiño*, *El hombre de Vitruvio* y *La última cena*, entre
otras muchas genialidades. Sus inventos se
adelantaron siglos a su época, tanto pequeños
objetos que facilitaron la vida diaria como
proyectos grandes, ambiciosos y propios de
un ingeniero, como es el caso de las máquinas
voladoras, las grúas y los puentes giratorios, los
sistemas de canalización, carros automóviles...

CONTEXTO HISTÓRICO

El norte de Italia estaba dividido en ciudades-Estado (Milán, Florencia, Venecia...), entre las que hubo largas y constantes luchas de poder. A lo largo del siglo XV, las más poderosas se anexionaron a sus vecinas, inmersas en un constante ambiente bélico.

Con el tiempo, en 1454, Florencia y Milán firmaron la paz, lo que trajo relativa calma por primera vez en mucho tiempo. Florencia estaba gobernada por los Médici y de la mano de uno de ellos se logró firmar la paz con los Sforza, lo que terminó con décadas de guerra contra Milán y estabilizó el norte de Italia, excepto durante breves intervalos.

Los ideales del Renacimiento se extendieron de Florencia a toda la Toscana. En Milán, Francesco Sforza tomó el poder y la ciudad se convirtió en centro artístico, al igual que Venecia, que adquirió el control del mar. El resto de las ciudades-Estado copiaron el modelo de mecenazgo y la cultura renació con fuerza. Las transformaciones que el Renacimiento generó en la cultura, la sociedad, la economía, la política y la religión caracterizaron la transición del feudalismo al capitalismo y supusieron una evolución con respecto a las estructuras medievales. Pero donde más impacto tuvo el Renacimiento fue en el ámbito de las artes, la filosofía y las ciencias. Suavizó la influencia del misticismo religioso y dejó un mayor protagonismo a la racionalidad, la ciencia y la naturaleza. Supuso una transición entre el medievo y la modernidad.

LEER CON SUSAETA